PATRIMONIO

PATRIMONIO
Primera edición: febrero 2026
Reservados todos los derechos:
Ediciones Torremozas

© Avelina García Colmenero
© de esta edición: Ediciones Torremozas

ISBN: 978–84–7839–958–1
Depósito legal: M–4202–2026
Impreso en Madrid

EDICIONES TORREMOZAS
ediciones@torremozas.com
www.torremozas.com

Avelina García Colmenero

Patrimonio

LA NOCTÁMBULA

Y ¿acaso muchos ciegos lograrán explicar el color verde mejor que uno solo?

Chantal Maillard

Noviembre

No es esta luz de otoño la que un día
cobijó nuestra infancia,
ni se acerca noviembre tenaz,
aferrado a las tardes de domingo
para redimirnos cuando despertamos.
No son estos atardeceres los mismos
que nos sorprendían con una voz familiar
entonando canciones apresuradas,
cercanos siempre al latido de un tren que se aleja.

Regresa de entonces la sombra,
mezquina mensajera
de aquellas tardes y nos dice:
ya pasó el tiempo de la audacia,
del frío aguerrido en los zapatos.

Regresa solo por nosotros, para explicarse,
al cabo de los años una sombra
mordiendo nuestra huida, y ya será tarde.
Allí, entonces, quedó la luz, robada de entre las manos
de unos niños que son nuestros hijos,
quedó en un tiempo de desconocidos propósitos
forjados por otros
en el resplandor de unas calles, de unos nombres...

Si pudieras, sombra, no mezclarte con nosotros,
con el devenir de un tiempo que ya no es tuyo
y no empeñarte en el latido del invierno...

No indagues el tacto romo de nuestras manos,
los perfiles que el cuerpo ofrece,
el aroma a resina de una casa vacía,
el sabor del tiempo desgajado en calendarios.
Si regresas para redimirnos
de aquellos atardeceres que predicaban
bosque
luz
frío
nocturnos trenes
intemperies de invierno
humo
espanto,
entonces sabríamos acallar y olvidar
este constante rumor
donde tú habitas, sombra
prisionera en un paraíso
de compartidos aniversarios.

LA PALABRA DEL PADRE

Siempre era el frío.
Mantas que pesaban
como densa madrugada.
Solo la nieve pausaba el invierno.

Siempre era la palabra mansa del padre,
apaciguando las horas en la escuela.
El olor a madera quemada entre las ropas.
Daba vergüenza nuestro calor.

Él decía: no somos pobres, solo desdichados,
como esos comedores de patatas del libro.
Un solo libro para cada disciplina.
Así lo llamabas, padre: disciplinas.

Aprendemos disciplinas.

Ese atlas de cartón será tuyo cuando ingreses
en bachillerato, después la bicicleta.

Nunca era el frío la causa
del desquicie de las puertas.
La causa del silencio
era tu palabra.

Adversas geometrías

aeropuerto, hospital, frutería, aula, puente, peaje, madreselva
estructuras del ruido
aquel silencio

la espera es lenta
como cocer natillas era entonces.
Silenciosa, dulce. Expectación
durante el proceso,
demasiado calor en el fondo.

Con la boca llena aún de espuma
salgo a los días y camino,
de espaldas
al rumor.

Nada quiero saber del tiempo perdido
y nada me falta del aroma
indeleble de la infancia.

Alguien reza a mi lado, no ignoro sus plegarias:
ya nunca palabra alguna se posará entre mis manos.
Pero reconozco ese aleteo inocente.
Atrapo el vuelo de miedos y signifcados.

Vivo en ellos.
Vuelo sobre el dolor de las cumbres.
Perduro entre las abejas;
presa en adversas geometrías.

ÁNGELES E INSECTOS

Este cotidiano permanecer de los insectos,
¿de dónde tanta luz en las almenas?

Aún invierno. Aletean, se posan
en los párpados de las fotografías,
no protestan frente a la majestad
luminosa de otro atardecer
podrido entre las pausas de la nieve.

Huyen del nido, buscan la lumbre
del cálido seno para morir.

Ahora comprendo
la hermosa fugacidad
de los ángeles que me visitan.

AULAS

1

Les explico cómo construir el poema.
Arrastran leves fardos
a pasos medidos.

Tomo sus manos y las conduzco
línea a línea trazando surcos en el papel
No reconocen sus palabras.

Mientras cada sílaba acompaña
sus pasos vacilantes
reconozco el eco
de la reconciliación
con el lenguaje perdido.

2

Algunos se cubren la cabeza
con las manos cuando me acerco
a ellos y no se mueven.

Agazapados miembros por el miedo
mientras huyen las palabras
de sus bocas me llaman mamá
porque no comprenden los mapas
ni las reliquias que les muestro
para que aprendan a leer

entre signos bárbaros un nombre
al que solo hace daño el silencio
no el golpe ni la muesca en el metal.

Les hablo de otros héroes heridos
en su recíproco pesar comprendo
que otro día más he fracasado
al narrar el cuento de mi infancia.

3

No son las palabras
sino los silencios
que las aturden
el único propósito
de aprender a leer.

4

No sé por qué estoy aquí.

Alguien que no fue mi padre
me prohibió escapar
y permanezco acosada
en el laberinto.

Mis iguales
indefensos minotauros
no reconocen la impostura.

5

Desconocen la prosodia
de los pájaros posados en el alero.
Su alegría en gritos,
Exclamaciones sin tono.
Voces huérfanas.

El agua helada de la fuente
traza surcos en sus rostros.

Agua antigua

Mi madre temía a la humedad por encima de todo:
cuando aparece en los muros de una casa, olvídate.

Decía: olvídate.

Cuando llegó a estas tierras,
secas y cortadas por el sol,
se la veía contenta.

Entró en la casa y palpó los muros,
suspiró cuando miró arriba, arriba,
los techos labrados de dorados mapas.
Se la veía contenta,
pero yo adivinaba en su interior
el desconcierto.

La duda de los árboles, el lento transitar
de la savia en las raíces.
No hay piedras que puedan sujetar
tanto venero. Tantas piedras.
El pozo en su abrazo negro.

Mi madre llamaba salitre
al agua desprendida de la roca.
No fluye y pudre los cimientos.
Olvídate.

Se lamió los dedos, los posó en la pared;
en toda casa hay un muro maestro.

Se convirtió en el zahorí de mi desesperanza.
La humedad llama al agua.
El hálito de los vivos es huella sobre los muros
y llama al agua para permanecer.

En estas manchas oscuras
se adivina aún la llama de su mano,
su hueco y su esfinge de hueso.

Tras las piedras. Olvídate.

Brotes de la casa vacía

1

En el crujido de la madera vieja
alienta la soledad de mi estirpe.
Alimento tiempo con silencio.
La madera sabe.

2

El silencio clama. No: se desliza.
Paredes sin eco de voces queridas.
Ya no hay niños, excepto
en los parques de las afueras.
Ya no hay niños.

3

Estar sola es una rutina
de abrazos entre sábanas mojadas.

4

Hay dieciséis golondrinas en el alero.
No sé cuántas pertenecen a mi casa.

5

Existe una rutina en la luz de la mañana,
así cada ciudad es todas
y la luz abraza una intersección de penas.

6

Tropeles de lunas esta noche
ciega de invierno. No alcanzan el extrarradio.
Están lejos y no lo sabía.

7

El silencio se desliza por las paredes.
No hay ausencias, sino un eco de voces
y en su disonancia reconozco
la profundidad de los parques.

8

Mirar hacia los desvanes, allí donde las sombras
nos dicen que amenaza la esperanza.

9

Mis antepasados contemplaban el hogar
ignorantes de su futuro de sangre:
implorando el perdón del fuego.

10

Saldar cuentas con una misma.
Lo demás es resta. No patrimonio.

Los determinantes

alguien pisó la luna al poco de nacer yo
no fue sabido en el pueblo años
de frío en los cristales
todo llegaba tarde

mi padre maestro
la escuela olía a estufa
nosotros le acompañamos
hasta las niñas con la maestra
y los niños con los demás

mi madre en casa
su rostro entre los umbrales
cuándo encontraba el tiempo
necesario para comprar el pan y la leche

tuve tres hermanas y dos hermanos,
seguiremos siendo cinco
ya no vive el espanto siquiera
de la vida en la mirada de mis padres

ellos no habían muerto aún
cuando sonó el teléfono
con timbre hostil de conferencia

pero jugábamos mucho:
la calle era ancha y hospitalaria,

casi siempre volaba alguna piedra,
poco más entre nuestras manos

las muñecas se cernían
en plástico exótico
mis hermanas les hacían colonia
con zumo de limón para disimular
y que no les cortaran el pelo
como a las gitanas

la escuela era de labores y tijeras,
se me enredaban los dedos entre
tanto verde y gualda,
todo bordado debía ser de trigo

cuando no había más en la mesa
se ponía arroz con hígado
aprendimos pronto el sabor
de otras vísceras

si lees tanto acabarás ciega
mi abuela cosía a la luz de las velas
pero era una labor productiva
la universidad
parecía que el frío volvía
el rostro desde el mar
nada de ropas viejas mujeres
jóvenes me enseñaron
a desnudarme y dejé
las ropas de lana en aquella orilla

las aulas
las aulas que no abandonaré
ya jamás como las golondrinas
sus nidos aferrados de tierra

en las cornisas
y con el tiempo
son otras

los hijos
tantas tardes en el parque con torreón
y en las jaulas de plástico
ninguna madre encierra a sus hijos
desnudos con dragones de piedra
el trato era áspero en el pediatra
luego las botellas apiladas sobre la bañera
el miedo a ver volar más ángeles
a nuestro hijo le faltó el aire tantas veces
que renunciamos a unas vacaciones
cerca de bestias benignas
preferíamos mirar desde el balcón
los parques de las afueras
cómo se habla con las mujeres madres
que han trazado cartografías perfectas
delineado trazos imborrables
en sus vidas y en las vidas de sus hijos
si todo es tránsito en mi huida

enfermedad en matrices
los huesos pierden su centro

dónde está la hondura de las almas
ahora es todo y tú
otra forma de arrendar las ganancias
más nada queda de la lucha obrera
banderas cantos humedad
entre los dedos

aferramos el amor como arma
de cristal y herimos palomas
cubrimos cicatrices y curamos
la sangre con letras
ya no late la sal en las costuras
solo aire
aire
respirando árboles
agua aliada del dolor
esto fue el futuro
esto queda

aprendo a amar el ruido
que me reconstruye
acaricio el estruendo
permanezco en pie
frente al tacto
de mi sangre.

CRIATURAS TENACES EN EL DESORDEN

Y que el cantar que hoy cantas será apagado
un día por música de otras olas.

José Hierro

Miro mientras duermen.
Después, me retiro a los lugares que nos separan
cada día. Me retiro, me aparto, convierto
mi existencia en el aire invisible
del que se alimentan.
Despido amablemente a sus amigos imaginarios,
quienes les enseñan nuevas palabras
que dan sentido al mundo
ancho y ajeno
de los telediarios
y de los deberes sin hacer.
Me despido hasta otro día
y apago la luz del pasillo.

Entonces rezo a la oscuridad,
espesura sin palabras
desde donde siempre acechas,
invierno cruel de la infancia,
y pido por ellos.
Doy gracias:
por las prisas de todas las mañanas,
por tantos desayunos derramados,
por sus lágrimas sin dolor y sin ternura.
regresarás cada noche y miraré tu rostro
sin miedo.

Déjalos aquí
anclados entre mis manos,
cada noche
criaturas tenaces en el desorden.

Prohibido alimentar a las palomas

Prohibido alimentar a las palomas.

No transgredir los límites del parque.

Crecimos entre raíles, soledad de animales
que se reproducen con el fervor
de las bestias en verano.

Caminábamos hacia el norte.
Las monedas de cobre tintineaban
en los bolsillos. Briznas de alambre
transformadas en joyas, en amuletos
oxidados, en veneno.

Los trenes no discriminaban:
a velocidad de fuego nos perdonaban
la vida, que era un juego sobrevivir
a la herrumbre y su chasquido.

Alguien voceaba y agitaba los brazos
desde el furgón: animales, que sois animales.
Cuando pase el mercancías
os dejará sin cabeza. Qué desgracia de tierra.
Una moneda de cobre brillaba
sobre mi pecho, cordeles y cadenas
confluían en corona infantil.

Prohibido alimentar a las palomas,
a los corderos, al caballo, al perro
de mirada oscura que reconoce
el lamento del ganado
tras el oscurecimiento.

Al cabo apareció una oveja
muerta
sobre las vías, sin cabeza
no parecía
muerta
ni oveja.

Abandonamos allí las baratijas
untadas del perfil de la sangre.

Una vez fui inmortal

Lo recuerdo bien, él me lo dijo.

Pedaleaba entre los pinos polvorientos,
un bosque sin testigos, un alumbre de hojarasca.

Tracé el paso entre las dos aldeas, casi de noche.
No recuerdo bien cuál fue la encomienda, me esperaban.
O lo recuerdo: siempre había cosas que hacer
en la casa de toda la familia.

Llegó la noche entre los árboles,
al llegar les dije: no he tenido miedo.

No recuerdo la arboleda, ni el trueno.
Me abrazó.
Respiré. Todavía ese olor a madera seca,
a sudor e incertidumbre.

Nadie más lo supo.

Ahora lo escribo y escribo.
Escribo la cronología del desacuerdo mismo
con el tiempo, trazo límites con la pericia
del hacedor de antiguos mapas terrestres.
Ultramarinos. Más allá acechan dragones.
Dibujo a mano alzada la frontera
de una existencia, un trazo anegado de pasado.

Grietas en el trazo. La línea de tinta, el hilo remoto
que me trajo de vuelta a la luz en la ventana.

Fui inmortal y lo recuerdo.

Casi todo es efímero, aquella noche permanece.

Tierra

Comer musgo, así es habitar las entrañas de la infancia.
Comer piedra, suelo. Volver a juntar esquirlas rotas.

Yacer sobre culebras.

Hablar alto con la boca llena, no admitirlo.
Los demás contemplaban la belleza a tus espaldas,
observan por encima de tus hombros.
No sabes quién acecha
en el trasfondo del mundo.

Necesitas toda esa oscuridad
para poder salvar tus palabras
y que no se las lleve el tiempo.

Yacer sobre culebras
y no comprender el hechizo.

Dibujo infantil

Es esbelta la sombra, es hermoso el abismo:
Ten cuidado, hijo mío, con ciertas alas que rozan tu corazón.

Antonio Gamoneda

Conocerás otras noches más amables
y caminarás otros surcos
no tan amargos donde enterrar todo el tiempo
que te sobra y te arruga el alma hasta perderte
en tu nombre.

Alzarás la cabeza en el camino y mirarás frente a ti
(todos alguna vez lo hicimos en penumbrosas habitaciones
[restadas)
y solo entonces recordarás el inventario de tus años:
aléjate del fondo y bracea.
¿Recuerdas?

Solo, estremecido entre tus brazos,
tu vientre es oscuro y atrapas el helado aliento
de la noche
y todo tú eres oscuro como esa noche.

No te sometas a nada.
Acaso vive,
con la certeza de poder atrapar
el poderoso pálpito del aire
y, arañando la tierra,
debes primero extender tus alas
y después
            olvidar que vuelas.

BOSQUE

Recuerdo
que una vez fui la sombra de un niño
no nacido
en el seno más espeso de un bosque no verde ni gris
que el color de la negrura lo pinta el tiempo
no la memoria de los árboles

así fui luz y caballos
heridos contra el mar
sin afluentes
hijos
de otras tierras
en las que no crecieron las ortigas
ni trigo entre amapolas

en aquel tiempo era otra
quien desenterraba huesos
masticaba piedras
sorprendiendo un sabor
como de sueño
y lumbre apagada

tanto frío contra las palabras de ahora
sin abrigo
desnudas

solo la mirada de la infancia
reconcilia el mundo.

Camino de vuelta

Regresar a la casa del padre, solo los domingos
y otros días
desguarnecidos de lluvia y de quehaceres dispersos.

Regresar es siempre un vuelo de ida. Llegar.

Abastecer las despensas.

Los colores siempre apagados de oscuro azul.

Tiemblan los visillos tras los márgenes de la ceguera
anciana, palpita un aire de puertas entornadas.

Vasos y cuchillos
han perdido su brillo de nácar,
desde cuándo
permanecen
en esta casa. Qué bodas
de tanto luto y temprano festejo los trajeron
uno a uno, envueltos en papel de seda,
como un tributo mineral
para la novia.

No existe aroma
más firme que el sentido
de madera vieja, húmeda en los cajones.
La madera batalla contra el tiempo, si la cuidas
te devuelve los recuerdos
sosteniendo tu alma en alacenas.

AZAR EN UN PARQUE DE LAS AFUERAS

No eres más que esa tosca coraza que saluda
a quienes al sol dormitan o leen;
la que impúdica recolecta semillas
de árboles ajenos en las lindes de otros huertos.

Celebras las grietas que surcan
la arena quebradiza de la piel.

Ahora eres una membrana
vibrante que el aire atraviesa,
no acaricia,
no golpea.

No opondrás resistencia al cristal del tiempo
en las aristas rutilantes de lo que un día fue tu carne.
Sagrada, excesiva.
Para qué olvidar, si todo
vuelve a ser un plácido
descarrío de los días.

ANESTESIA GENERAL

Asientes bajo la leve presión de la mano
que ha apagado la luz a medianoche
y recoge después las copas, las enjuaga,
las guarda en la alacena.

Apenas roza la misma mano
el movimiento del agua
mientras llueve sobre el miedo
y otra vez la mano cubre el pelo
y se posa levemente en la garganta.

Recordarás tus sueños y turbas de dragones.

No tengas miedo.

Ya nada vacila en torno al aire
que mueve tu pecho.

HAMPSTEAD HEATH

Viajar en invierno, desafiar la altiva naturaleza del frío.
Volar entre semana,
con poco equipaje y la documentación precisa
para rasgar el duelo de los astros.

En las ciudades se manifiesta un rumor
desafiante que amenaza a los niños, a los amantes, a las
[palomas.
No abandones los caminos, las autopistas.

Sigue el rastro de las grúas:
someten el destino de la piedra
y ordenan un espacio contra el cielo y sus mentiras.

Allí no vive nadie, sino vosotros.

Cómo hacer para habitar el eco de las ciudades,
si nos es ajeno el signo del desprecio y la mirada torva
[de las gentes.
Ciudadanos, aquí yacen el espanto y el verdor de los
[caballos.
Ciudadanos, bajo el musgo la metralla colmó el filo de
[cuchillos
en atroz desventura de muchachas y fue patria en la
[sonrisa de los cuervos.

No hablas el idioma, es lengua viva el surco de tus pasos.
Todo es perfecto en su matriz.

Son voraces los hierros que te alejan del encuentro.

Viajar a las afueras de crisoles verdes, lo que un día
fue tu casa y su luz. Ahora el metal ilumina los pasos
de los transeúntes.

Caminas sin hacer ruido:
no naciste para animal extraño, sin embargo,
mecida entre muchedumbres
añoras aún la herida del trigo.

Ensayo de abril

1

Ensayo en mi recuerdo qué decirte, mientras tu voz al
                                                    [teléfono
atraviesa tierras y pastos lejanos de flores malvas
y llega hasta el páramo en que he enraizado mi piel,
mientras la lluvia de abril santa lluvia golpea el cristal,
golpea el yunque de la piedra y la cal concisa
de las paredes en su alma de barro,
golpea santa lluvia el espacio de la huida, persigue tu
                                                    [aliento.

Hay noticias de que la catedral arde en miles de robles
arrancados a los bosques de la vieja Europa.
Enciende la tele, mira cómo arde el fuego
de lo que fue un día nuestra primavera en París,
nuestra primavera frente al fuego y su violencia pagana.
No hay esperanza para la piedra, dicen, se desmoronan
                                                    [la cruz
y la capilla como arena, las torres resisten al llanto de
                                                    [ceniza.

Toda la tarde ha llovido sobre nuestras espaldas
mientras escardaba los rosales y sembraba algo de inútil
                                                    [alimento
para las bestias. Lluvia tenue para la tierra, caricia voraz
                                                    [para las semillas.

Mil quinientos robles han ardido. Qué sujetará la piedra,
[cómo.
Qué hace vuestro dios mientras derrama su misericordia
[en vanos
de cristal coloreado y convierte en pasto de las flores
[arena y cal.

Qué convierte la lluvia en trigo en las ciudades.
Sería insoportable ver arder mil quinientos robles en un
[bosque,
todo el bosque entero de verdor en sombra convertido.
Si el fuego devorase la savia, el fragor de la techumbre
[verde:
el infierno cerrado en una visión de la vida que no se
[salva.
Tu voz me alcanza en las escaleras. Tengo las manos sucias
[de tierra.

2

Ahora vuelo sobre el mar, el avión
ha girado sobre su ruta prevista.
Vuelo sobre olas que serán cumbres,
en apenas dos horas: sintonías de blancura.
Diferencia y frontera, otro idioma
que me avergüenza porque comprendo
mi ignorancia, tengo miedo de ser tú
en el supermercado, en el hospital,
en la ópera, en el brocal de las fuentes,

ante tanta belleza y el color del canto
de los pájaros violentos en los parques.

Alrededor los pasajeros ensayan tareas graves.
Algo siempre les atraviesa las pantallas,
esquirlas de color, audaces fuegos.
Las palabras no alientan el sueño.
Otros vuelan conmigo sin añorar la partida.
Llegar.

No recuerdo cuándo obtuve la razón de los suicidas.

En alguna pantalla, probablemente, mis ojos
se aferraron a la esperanza, iluminada en blanco
y negro. No es verde ya.

No entiendo de crucifijos, no sé pronunciar
las palabras de consuelo que ofrecen las sotanas
con su saliva vieja y lenta, letanías y ofrendas
siempre para los muertos.
Y qué hay de los vivos.
Nos decían que confesarse no era tan malo:
luego las palabras lavaban las ofensas.

Nadie habla en la cabina
y hay sol en el silencio y es vida también.
El miedo es metralla que anega la mirada,
esta niña de al lado se ha dado cuenta, creo.

3

En Orly las cosas son como deberían ser siempre.
Todos saben qué línea deben seguir, cuál es su color de
[llegada.
No se apresuran, caminan despejando con sus maletines
estelas de madrugada y sus pasos resuenan en un brillo
[de sombras.
Algunos dudamos, siempre los mismos indecisos,
no encontramos la salida a la casa del amigo erasmus
o somos demasiado viejos para recordar dónde nos recibió
nuestro amor aquella vez en septiembre, nuestro dolor
al partir y atravesar los recuerdos en el filo de los puentes.

Los recuerdos más hermosos se quedan en la terminal:
hay que buscar acomodo en el metal y atravesar andenes.

Piranesi estuvo aquí.

Por si acaso y solo a causa
de una oscura razón atesoro
materia inútil bajo el oro de las cumbres.

Intento dirimir bajo este cielo
el lenguaje de las aves
y su tránsito rapaz no entorpece
la escritura de estas líneas.

Quizá sea pronto para ensayar la despedida.
La tinta enguantada sobre mi piel ya respira
y conoce el crujido de cristales, la sombra de sus alas.

Respiro a horcajadas sobre los tejados.
Ya nada hace ruido, salvo el agua de las fuentes.

En nuestros orígenes fue la luz y la transgresión de la
[sangre,
el azul y el amarillo de pigmentos ancestrales.

Tu voz me alcanza en las escaleras.
Nuestras manos enterradas en una mañana de abril.

La malvarrosa en invierno

Viajamos a lugares de fuego y miseria, con antiguas raíces
[en el tiempo.
No hallamos en ellos esta quietud del mar que añora las
[grietas en la roca.
Intento mostrarte los paisajes de mi juventud y la de
[tantos,
antes de que el puñal de la muerte o la pérdida clave su
[frío en el recuerdo.
Te acompaño en la ignorancia de no conocerme ni conocerte,
caminando por esta orilla sumergida en los abismos de la luz.

Tú ya me conociste entera.
Si acaso, conservaba en el costado la mácula de la herida.

Muchas como yo llegábamos desde los pueblos
con algo del dinero prestado
por las autoridades de la transición. Creamos nuestro
[nombre,
no nos confiaban al estudio ni al trabajo. Nuestra maleta
apenas alcanzaba para sobrevivir al ruido de las calles,
al movimiento constante de las gentes en manifestaciones.
Lo teníamos todo.

Tú me conociste sin deudas, sin piel de muchacha ya.
Las playas admitían a mi gente, a mí,
al olor de lana mojada de la trashumancia nueva.
No había muchos lugares a los que acudir sin tregua,
despacio íbamos ocupando los huecos, las costuras

que nos permitían los nuevos tiempos.
La música, el arte, la literatura, el mar.

Desde la frontera se abrió el mundo y galopamos
sobre caballos de fortuna. Sobre tejados mojados.

Daba igual qué piel anidase en nuestra noche.

Contemplo mi juventud desde esta orilla
minando arena y sucumbo a la memoria de los otros.
Quiénes quisimos ser.
Al igual que los ciegos toman de la mano a los extraños,
así seguimos el ciclo extranjero de las olas.

Solo ha sido un paseo, dices.
Asciendo por tus brazos
cifrando la vida
que aún nos falta.

MADERA DE DERIVA

Aquel muchacho pescaba en las rocas de Cala Ratjada.

Me hablaba en su lengua, mientras me sentaba a su lado
sobre el cemento caliente del espigón. Le miraba hablar.

Me miraba balancear las piernas sobre al agua tornasolada.

Un casco de botella azul, conchas brillantes de petróleo,
redes rotas, anzuelos y sus nacaradas fechas: nada era
                                                [inocente.

Nada era para mí: todo era para la muchacha que él veía
tras los cristales opacos de las gafas y la maraña de brazos,
cabellos, risa. Nada quedó para él entre las rocas.

La última tarde llevó a nuestra cabaña unas sardinas,
brillaban sus manos.
Me regaló sus escamas.

Hijas de otros hombres

Las voces de los hombres
retumban bajo las tejas.
El calor en los huesos y la sangre
alimenta las palabras
que mugen entre garajes y circuitos.
Entierran lágrimas en alcohol,
y los mejores
apenas recuerdan los soles
de la infancia.

Caminan por la arena bailando
procacidades,
calentando nervios y motores.
Hilan fino
su esperma de ballenas.

Otros miran. Los dedos en el hielo
de sus bebidas.
Miran, calculan las distancias
entre su mugre y la esfinge.

Las hijas de otros vuelven la mirada
y reconocen el instinto,
avergüenzan al padre.
Las miradas turbias descansan
sobre las pieles de las inocentes.
Fervorosamente.

La retornada

En mitad de la senda, el monólogo
precede a la herrumbre de la lluvia.
Piensas, construyes tus días con palabras.

Recuerdas: antes de las pérdidas
fuiste soledad en los incendios.

Descubres quién eres y agradeces
al sol de la tarde ser solo
un pedazo de cristal
que brilla entre las cumbres,
observada por nadie,
destello ciego de aquella luz
abortada por la nieve.

PATRIMONIO

masculino latín patrimonium
hacienda que alguien ha heredado de sus ascendientes
ellos

sois vosotros en cada minuto y cada esquirla
arañada al rostro pétreo de la parca
las manos de tu padre arriando la bandera
en noviembre el aroma a leña de estufa
ropa interior tejida por las manos de tu madre
a tientas en la oscuridad no hay más libros
ni tebeos para leer comparte tus cosas
con los otros que habitan el deshielo
pero no la pluma de cartón para pintar
muñecas y sus vestidos recortables
en las tapas del detergente
la puerta de la casa siempre abierta
huye niña no te escondas
como los gatos malheridos en las obras
en los descampados mientras el pueblo crece
en alimañas de grúas y zanjas de mugre
sus cimientos se alimentan de vuestros
toscos zapatos jugando
jugando llegaron imaginamos al fin
los confines del mundo para intentar comprenderlo
huye muchacha qué haces aquí todavía
mientras las manos de tu padre
ganan el pan y la traición
ya nadie creerá que eres feliz

esperando ante una puerta abierta
te quedas sola muchas veces
cuidando necesidades ajenas
por el balcón de tu miedo
miras pasear a otras muchachas
y visten de otra manera y
se mueven de otra manera
ante la mirada del tigre
tu carga en los zapatos
tu intensidad entre las cejas
te impiden respirar por la calle
hasta el gato malherido ha saltado
la zanja y se salva
corre el agua atrapada por los desmontes
de las afueras callan
las sirenas de las fábricas
y el mar
los trenes
otras lenguas
solo para ti se secan
los pozos
para calmar tu sed infinita
de cristales
todo pasa como la letanía de un goce
mientras no lo sabes
todas las criaturas felices
responden a tu canto
con tu voz libertad sin nombre
reconoces la vida en el dolor
de los partos y en el crujir de tus pechos

bajo la embestida de los hombres
recoges entre las tuyas las manos muertas
de tu padre sobre el yodo y la blancura
en los ojos de tu madre presientes
la despedida y el perdón
pero cuánto has amado el miedo
no explicado en las trincheras
el presentimiento de la huida
quejidos metálicos sois
contra quienes me reconcilio
y agradezco las pobrezas y el auxilio
del estado a los dulces huérfanos
vuestros rostros recortados en las fotos
de familia otra boca más zapatos
dinero que yace doblado en la bandera
hijos de funcionarios ciudadanos
de uniforme azul celeste
crecemos a golpes
probar la sopa y quemarte
esconderte en la bañera
para besar el agua
emociones simples mientras
te quemas
huye mientras la puerta permanezca
abierta
los ojos se clavan en la luz
sigues aquí
heredera de huesos y aire
solo tus palabras
contarán como patrimonio.

Índice

Este libro
se terminó de imprimir el día
17 de febrero de 2026,
aniversario del nacimiento
de la poeta
Julia de Burgos.